AF585742

NOTES

SUR

LA LÉGISLATION

ANGLAISE

DES CHEMINS.

NOTES

SUR

LA LÉGISLATION

ANGLAISE

DES CHEMINS;

PAR l'Auteur des NOTES sur l'impôt territorial de l'Angleterre.

A PARIS,

CHEZ H. AGASSE, IMPRIMEUR-LIBRAIRE,

RUE DES POITEVINS, N°. 18.

AN IX.

NOTES

SUR

LA LÉGISLATION

ANGLAISE

DES CHEMINS.

IL serait également absurde de prétendre que toutes les parties de législation et d'administration, que toutes les institutions, que tous les modes d'industrie qui ont lieu dans les pays étrangers, sont desirables à introduire en France, qu'il le serait de soutenir qu'il n'en est point qui pût y être introduite avec utilité. Mais on ne peut méconnaître que la connaissance de la législation, des branches diverses d'administration, des usages même des peuples étrangers, ne soit, pour tout gouvernement, un moyen puissant d'apporter aux lois et à l'administration de la nation qu'il est chargé de régir, tout le perfectionnement dont elles peuvent être susceptibles. C'est aux hommes que l'étude et les circonstances ont mis à portée de prendre ces connaissances avec quelque détail, à les communiquer au gouvernement de leur pays, et à les lui faire parvenir à travers l'*opinion publique*, qui, juge plus ou moins sûr, plus ou moins capable de la possibilité ou de la convenance de leur application, peut, par la discussion, aider fortement les gouvernans dans leur détermination.

C'est à ces titres que je vais présenter ici l'exposé détaillé de la *Législation anglaise sur les chemins ;* législation regardée en Angleterre comme une des plus parfaites de ce royaume, et qu'il est d'autant plus intéressant de faire connaître en France, que la nôtre sur cet objet est encore dans son enfance.

On croit assez généralement en France, que tout le système de la confection et de l'entretien des chemins d'Angleterre consiste *dans les péages exigés aux barrières, connus dans ce pays sous le nom de Turn-Pikes :* néanmoins les *Turn-Pikes*, qui ne sont pas établis sur toutes les routes, qui ne le sont que dans certaines circonstances et sous certaines conditions, ne sont encore qu'une partie secondaire de la législation et de l'administration des routes. Cette institution entre seulement dans le système général : il faut pouvoir la rapprocher des autres moyens avec lesquels elle se combine, pour saisir l'ensemble de ce système et en apprécier les effets.

Jusqu'au règne de Georges III, la législation sur les chemins était imparfaite en Angleterre. Quelques actes passés sous Henri VIII et sous Guillaume et Marie, avaient bien prescrit des réglemens à cet égard, mais ils étaient mal combinés et incomplets, et de cette mauvaise législation résultait nécessairement un mauvais état des routes. Toutes les dispositions des actes précédens, dont l'expérience avait démontré l'utilité, ont été conservées dans les actes du parlement passés dans la session de 1768 à 1772, sous le présent règne de Georges III ; d'autres y ont été ajoutées : ce n'est donc qu'à cette époque que cette partie de la législation anglaise a atteint le degré de perfection où elle est parvenue, et qui est le résultat des meilleures opinions émises sur cette matière, et de l'observation réfléchie des usages des autres nations. Ces deux actes composent toute la législation anglaise sur les chemins ; ce qui n'y est pas positivement exprimé, est réglé par la loi commune, c'est-à-dire, la loi non écrite d'Angleterre, qui pourrait être comparée à nos anciennes coutumes, si elle n'était pas la même dans tout le royaume. Cette loi commune, qui fait une des bases de la jurisprudence anglaise, n'est pas rédigée en forme, mais elle a été constamment transmise dans les écrits des jurisconsultes, et fait loi comme la loi écrite.

La législation des chemins, pour être utile à tous et juste envers tous, pour provoquer toute l'activité, toute la surveillance nécessaire dans l'entretien des routes, doit avant tout pourvoir à ce que la charge contributive soit égale ou plutôt équitablement proportionnelle : elle doit répartir cette charge sur toutes les classes, selon les degrés différens d'utilité dont les routes peuvent être à chacune d'elles ; elle doit donc faire contribuer le simple ouvrier, sans néanmoins le forcer au travail personnel, et sans surtout faire revivre l'odieuse distinction des personnes, injuste dans toute espèce de gouvernement pour ce qui tient aux charges publiques, intolérable dans un état libre ; elle doit maintenir une juste balance entre les routes du premier ordre et celles moins fréquentées (de communication) ; elle doit favoriser la culture en rendant ses débouchés faciles, et elle doit à la fois éviter le funeste inconvénient de la surcharger par une taxe pesante, surtout par une taxe variable ; elle doit encore être telle, que toutes les parties de l'Empire soient traitées avec égalité, que l'avancement des chemins dans les unes, ne puisse être un obstacle à leur amélioration dans les autres; elle doit veiller à l'entretien des routes, autant par de sages dispositions (qui, sans gêner le commerce, s'opposent à ce qu'elles soient dégradées par les instrumens de transports), que par un travail non interrompu; elle doit protéger et servir ces grands intérêts généraux, sans oublier un instant le respect dû à la propriété et aux droits de chacun, dont le sacrifice ne peut être demandé avec justice que quand il est absolument nécessaire à l'intérêt public; enfin, elle doit créer une administration particulière sur un objet qui exige une attention vigilante et continuelle, sans néanmoins créer des pouvoirs nouveaux, inadmissibles dans un pays libre, où la loi seule doit être obéie, et où elle doit toujours agir par les magistrats ordinaires.

La loi anglaise a su remplir toutes ces conditions, et concilier tous ces intérêts divers et quelquefois opposés en apparence.

La loi distingue deux sortes de routes : les grands chemins ordinaires, connus sous le nom de *Hight-Ways*, et ceux sur lesquels les barrières sont établies, *Turn-Pike-Roads*. C'est à peu près la distinction que nous pourrions faire en France, entre les routes de communication des villes et communes entr'elles (si nous en avions beaucoup qui méritassent le nom de routes), et nos grandes lignes de poste.

La première classe de ces routes, celles qui communiquent entre les petites villes et villages, et qui conduisent de ces derniers aux différentes places de marché des environs, sont en général à la charge et à l'entretien des paroisses, chacune dans l'étendue de son finage. Ce principe de la législation est fondé sur ce que les chemins ayant pour objet de faciliter la sortie des produits de la culture et de l'industrie, et leur direction vers les lieux où la vente s'en peut faire, l'intérêt des paroisses au bon état de ces chemins est dans la juste proportion de l'étendue de leur territoire, et par conséquent des chemins qui les traversent. Son exécution est d'une grande simplicité, et la loi ayant une fois prononcé sur tout ce qui concerne la construction et l'entretien des routes, les paroisses peuvent opérer isolément et sans l'intervention d'aucune autre.

Deux exceptions sont cependant mises par la loi elle-même à cette disposition commune qui charge les paroisses de l'entretien de leurs chemins. La première est dans le cas où quelque corporation ou quelque particulier est, par le titre primordial de sa propriété, chargé de l'entretien d'un chemin ou d'une partie de chemin; alors cet entretien demeure à sa charge unique, sans que le reste des habitans de la paroisse soit tenu d'y prendre part. La seconde est dans le cas où quelque propriétaire fait enclorre des terrains que les chemins traversent ; alors, comme l'entretien en peut devenir plus considérable et que la clôture n'a pour objet que l'intérêt privé de celui qui l'a fait faire, cette augmentation d'entretien porte sur lui seul ; que si, comme il est fréquent en Angleterre, tout le finage est enclos par acte du parlement, l'exception cesse ; les particuliers dont le chemin traverse les propriétés, ne sont tenus à aucune augmentation dans les charges de son entretien, et la paroisse rentre à cet égard dans l'ordre prescrit par la loi générale.

Mais il fallait une direction et une surveillance aux travaux de ces chemins : il fallait un centre unique de mouvement, qui, réunissant les efforts de chacun, commandât l'exécution des réglemens, et il n'existe pas en Angleterre, comme en France, de corps particulier répandu dans tout l'État, avec la charge spéciale du soin des routes. Voici comment la loi y a pourvu :

Chaque paroisse a un officier connu sous le nom de *Surveyor* (inspecteur des grands chemins) : son devoir est de veiller à ce que les lois concernant les grands chemins soient exécutées ; il convoque la paroisse pour en exiger les travaux ; il les ordonne et les dirige ; il lève les contributions nécessaires à cet effet ; il représente enfin la paroisse dans tous les marchés qu'exige l'entretien des routes ; il tient son autorité d'elle ; il est son délégué et son agent. La création de ces offices remonte aux premières années du règne de Guillaume et Marie ; mais les actes du parlement de la session de 1768 à 1772 ont étendu ses fonctions, les ont plus positivement expliquées, et en ont fait pour ainsi dire un nouvel office. Les inspecteurs, lors de leur établissement, étaient nommés par les connétables et marguilliers des paroisses : ces dernières lois en donnent la nomination au juge-de-paix le plus voisin ; mais de fait, ils sont nommés par les hahitans des paroisses, qui, ayant un intérêt immédiat à ne pas se tromper dans leur choix, en font toujours un bon. Comme leur nomination doit d'ailleurs, pour avoir son effet, être confirmée par le juge-de-paix, cette faculté laissée aux hahitans est sans inconvénient.

Il est assez ordinaire que cet officier, dont la loi borne l'exercice à une année, soit continué dans ses fonctions toute sa vie quand on lui reconnaît les qualités nécessaires à cette place, et qu'il est lui-même dans les circonstances qui lui permettent d'en remplir assiduement les devoirs. La paroisse lui assigne presque toujours une rétribution qui se règle d'elle à lui. Comme tous ses devoirs sont déterminés par la loi, une intelligence commune lui suffit pour s'en acquitter; aussi, comme je l'ai dit, cette sorte d'office est généralement bien remplie. Si les habitans de la paroisse nomment un inspecteur à la majorité des deux tiers, le juge-de-paix confirme leur choix; dans le cas contraire, ils lui présentent dix sujets pris parmi eux, entre lesquels il choisit : le juge-de-paix nomme même de son propre choix cet officier si les paroisses ne lui présentent pas les dix candidats dans le tems voulu.

C'est, comme je l'ai déja dit, l'inspecteur qui conduit et dirige toutes les affaires relatives aux grands chemins de la paroisse; c'est par lui et les juges-de-paix du canton, que cette partie si essentielle de l'administration publique est suivie en Angleterre, et elle l'est sans troubles, sans frais considérables et surtout sans actes de volonté arbitraire. La loi exige que l'habitant présenté pour être inspecteur, possède un revenu de 10 livres sterling en fonds de terre de son chef ou de celui de sa femme, ou de 100 livres sterling viagères, ou qu'il tienne à bail des terres au loyer au moins de 30 livres sterling par année.

J'entrerai, pour le développement de l'administration des chemins d'Angleterre, dans des détails qui pourront paraître minutieux ; mais s'il est intéressant de faire connaître cette administration, les détails sont indispensables, puisqu'eux seuls peuvent donner une idée complète de son ensemble.

Les chemins doivent avoir vingt pieds entre les fossés : le climat d'Angleterre est généralement trop humide pour qu'avec une aussi petite largeur, ils puissent être bordés d'arbres sans inconvénient pour leur entretien. Aussi, non-seulement ils ne sont point plantés, mais aucun arbre de futaie ne peut être entretenu à une distance moindre de vingt pieds du milieu de ces chemins : la loi en excepte cependant les arbres d'ornemens devant les maisons et dans les jardins.

Les chemins sont bordés de deux fossés suffisamment larges et profonds pour l'écoulement des eaux : les conduits et déchargeoirs de ces eaux sont à l'entretien des paroisses, et les inspecteurs doivent avoir soin qu'ils soient tenus en bon état, et que ni les chemins ni les propriétés voisines n'en reçoivent aucun dommage, et réciproquement les propriétaires, dont les champs doivent, depuis un tems immémorial, écoulement à ces eaux, ou renferment une source, sont tenus de creuser des conduits suffisamment larges pour qu'elles ne séjournent pas dans les fossés publics et n'entretiennent pas l'humidité sur les chemins.

Cette largeur de vingt pieds que la loi prescrit pour les chemins, est calculée sur le passage libre et facile de trois voitures. Elle a paru d'autant plus suffisante, qu'il se trouve toujours à l'entrée des villes à marché, des emplacemens vagues d'une certaine étendue, où peuvent se ranger toutes les charrettes sans gêner la voie : d'ailleurs, les chemins peuvent être élargis jusqu'à trente pieds, par l'accord commun des paroisses et des propriétaires riverains ; mais la largeur de vingt pieds est de rigueur, et le juge-de-paix peut et doit ordonner l'élargissement du chemin qui n'aurait pas cette dimension ; si même cet élargissement ne peut pas avoir lieu sans que la direction du chemin ne soit changée, le juge-de-paix peut ordonner le changement de direction ; et c'est le seul cas où la législation ait consenti à ce qu'il fût touché aux propriétés particulières, sans la volonté libre des propriétaires : encore a-t-elle mis à cette faculté donnée aux juges-de-paix, des restrictions si sages et des moyens d'opérer si doux, que l'abus en est impossible, et qu'aucun propriétaire raisonnable ne sent le poids de la contrainte. 1°. Quelles que soient la position et la nature du terrain, les routes ne peuvent jamais avoir plus de trente pieds

(toutes les précautions sont prises pour la sûreté des voyageurs dans les mauvais pas, comme montagne, etc. mais la largeur n'est jamais plus grande). 2°. Il n'est permis, dans aucun cas, de toucher à une maison ou bâtiment quelconque, ni de prendre sur un jardin, parc, enclos, cour de maison ou de ferme. 3°. Le propriétaire du terrain à travers lequel la nouvelle direction conduit le chemin, doit être indemnisé d'après une convention de gré à gré, faite entre lui et l'inspecteur, autorisé du juge-de-paix. Si cet accord ne peut avoir lieu, l'indemnité du propriétaire qui aura refusé les offres de l'inspecteur, est réglée à la cour des juges-de-paix, qui se tient tous les trois mois, et par douze jurés absolument désintéressés dans cette discussion ; mais l'estimation de ceux-ci ne peut jamais s'élever au dessus du denier quarante, et cette limitation sage prescrite par la loi, prévient toute plainte des paroisses, et dédommage généreusement le propriétaire des sacrifices exigés de lui, puisque la valeur des fonds excède rarement le denier trente-six dans aucune partie de l'Angleterre. D'un autre côté, pour éviter aux paroisses toute surcharge inutile ou trop sensible, la loi veut, 1°. que si l'offre faite par l'inspecteur au propriétaire et refusée par lui, surpasse l'estimation des jurés ou lui est égale, la paroisse ne paie aucuns frais pour cette espèce de procès, tout devant être dans ce cas à la charge des propriétaires; 2°. que les rôles qui seront faits pour payer aux propriétaires l'indemnité convenue ou ordonnée, ne pourra pas excéder six deniers par livres sterling du revenu des fonds, c'est-à-dire, le quarantième nominal; et souvent il n'excède pas le quatre-vingtième ou le centième réel; car le rôle de la *landtax* est la base de toutes les autres impositions sur les fonds.

Si le chemin a la largeur voulue par la loi, ou si l'on peut la lui donner en prenant sur les terres qui le bordent, les juges-de-paix n'ont pas le droit d'en changer la direction, la route dût-elle être, par le changement, plus courte et plus commode aux voyageurs et à la paroisse pour ses débouchés. La loi exige, en ce cas, le consentement par écrit des propriétaires sur les terres desquels le nouveau chemin devrait être construit, et ceux-ci sont indemnisés d'après les principes que je viens d'exposer : souvent l'ancien chemin abandonné fait une partie de cette indemnité.

Mais si la loi, par un respect religieux pour le droit sacré et important de propriété, restreint aussi fortement l'autorité des juges-de-paix dans tous les cas où l'usage de cette autorité pourrait devenir oppressif, elle lui laisse une grande latitude quand elle ne peut s'exercer que pour le bien de la paroisse, l'avantage ou le soulagement des particuliers. Ainsi les juges-de-paix, qui ne peuvent, que dans la seule circonstance que je viens de rapporter, ouvrir de nouvelles routes ou changer la direction des anciennes, peuvent fermer toutes celles qu'ils jugent inutiles aux paroisses, et dont l'entretien est par conséquent une charge pour elles sans avantage. Ainsi, dans tous les cas où la loi renforce sa disposition par sa menace d'une amende, les magistrats ne peuvent prononcer une peine d'un autre genre, ni dépasser dans leur *prononcé* la somme que la loi a indiquée comme le *maximum* de cette amende; mais ils peuvent la diminuer dans une latitude dont elle leur prescrit les bornes.

Les chemins doivent être bornés aux limites du territoire de chaque paroisse, et cette borne de limite doit être écrite du nom des paroisses limitrophes. Des poteaux doivent être plantés à chaque *croisée* de chemin, et porter en caractères lisibles, les noms des paroisses ou places de marché où ces chemins conduisent, et le nombre de milles qu'il faut encore parcourir pour y arriver. Dans les lieux où le chemin traverse des ruisseaux, des gués, des places enfin qui peuvent être inondées, il est prescrit que des poteaux gradués indiqueront au voyageur la profondeur actuelle de l'eau, et que des piquets visibles indiqueront la direction du meilleur passage. Ces poteaux doivent être tenus en bon état dans tous les lieux : la commodité et la sûreté publiques en dépendent. Aussi la dégradation malicieuse de ces poteaux et piquets est-elle punie sévérement par la loi, qui ordonne que le délinquant soit emprisonné dans une maison de correction, et qu'il y soit même fouetté.

Le juge-de-paix a le pouvoir de prescrire l'ordre à tenir dans la réparation successive des chemins : c'est à lui que les paroisses répondent de cet entretien ; il entend à cet égard les plaintes des particuliers ; il y fait droit ; mais dans tous les cas où le dommage dont il est question doit être réparé par une somme d'argent, l'estimation en est toujours faite par des jurés.

Par ce que j'ai déjà dit de la surveillance des juges-de-paix sur l'entretien des routes, on voit que les fonctions de ces magistrats diffèrent de celles des nôtres, ou plutôt qu'elles sont plus étendues. En effet, ils ne sont pas seulement chargés d'instruire préparatoirement tous les procès criminels, de recevoir les plaintes et les dénonciations, d'entendre les témoins, de lancer les mandats d'arrêt, ils ont encore à régler tous les objets relatifs aux pauvres, aux routes, aux chemins ; ils sont partie active dans tout ce qui concerne l'administration de la province. Toutes les discussions provenantes d'une incertitude dans la propriété d'un fonds de terre, de différends entre particuliers pour faits de police et de criminel au degré inférieur, sont de leur ressort. Ils agissent isolément dans ces cas différens : il en est d'autres où la loi exige pour une décision, le concours de deux de ces magistrats; enfin, la réunion des juges-de-paix du canton tient tous les trois mois une cour, connue sous le nom de *Quarter Sessions*, où toutes les affaires de petit criminel, tous les délits qui méritent plutôt correction que peine afflictive, sont jugés souverainement. Cet office est exercé gratuitement en Angleterre. La loi même exige que ceux qui y sont nommés, aient un revenu connu en fonds de terre d'au moins 100 liv. sterl., et qu'ils soient habitans du comté. La loi défend qu'ils soient poursuivis pour des erreurs dans lesquelles ils seraient tombés involontairement, sans qu'ils aient été préalablement avertis de ces erreurs; mais elle punit sévérement celui qui malverserait dans son office ou userait arbitrairement de son pouvoir : dans ce cas, il serait condamné à payer aux parties lésées le double des sommes auxquelles seraient condamnés des particuliers Les juges-de-paix étaient jadis nommés par les propriétaires du canton; ils le sont aujourd'hui par le roi, et révocables

révocables à sa volonté ; mais la preuve d'une conduite gravement mauvaise pourrait seule déterminer leur révocation, qui n'a presque jamais lieu.

Je n'étendrai pas plus loin cette digression sur l'office des juges-de-paix d'Angleterre. J'ai cru nécessaire de donner une idée succinte de leurs fonctions, pour faire mieux comprendre le système de législation des chemins et la suite des réglemens dont ils sont les moyens et les agens principaux.

On a pu remarquer jusqu'ici que la loi porte un respect religieux aux propriétés, qu'elle ne leur demande des sacrifices que pour un bien public reconnu d'une indispensable nécessité, et qu'alors même cette demande, bien que finalement impérieuse, est toujours accompagnée des formes qui en éloignent l'arbitraire et le despotisme. Les mêmes principes lui ont dicté la conduite qu'elle avait à prescrire aux inspecteurs dans toutes les parties de leur administration, et nommément dans celle qui a pour objet de rassembler les matières propres à la construction et à la réparation des chemins.

C'est dans les communes, landes, rivières, enfin dans les propriétés publiques, que l'inspecteur doit d'abord chercher les matériaux. La loi lui prescrit seulement de ne pas enlever les sables d'une rivière à une distance moindre de cent pieds des ponts, moulins, écluses, etc. Il peut encore, à sa volonté, faire ramasser les décombres d'une carrière ouverte dans un champ de particulier; mais le consentement du propriétaire lui est indispensable pour faire fouiller dans cette carrière : il peut faire ramasser les cailloux et les pierres de la surface d'un champ cultivé, encore la permission du propriétaire lui est-elle nécessaire dans ce cas; si celui-ci la refuse, le juge-de-paix, après avoir connu la validité des motifs du refus, peut donner cette permission; mais le propriétaire est indemnisé du dommage que peut causer à son champ le transport de ces matériaux. Enfin, s'il ne s'en trouve aucun dans le territoire ouvert de la commune, propre à la réparation des chemins, l'inspecteur est autorisé à les prendre dans les champs enclos, car la réparation des routes est d'un premier intérêt public.

Cette autorisation ne s'étend pas néanmoins jusque dans les parcs, jardins, cours, avenues, plantations fermées, et les indemnités, dans ce cas comme dans tous les autres, sont réglées de commun accord, entre le propriétaire et l'inspecteur, ou prononcées par le juge-de-paix, sur l'avis de deux habitans reconnus probes, et sans intérêt dans l'affaire. Si le territoire de la paroisse ne peut, dans toute son étendue, fournir les matériaux suffisans, et qu'il puisse s'en trouver dans le territoire d'une paroisse voisine, la permission de deux juges-de-paix réunis spécialement pour connaître cette démarche, est nécessaire à l'inspecteur pour qu'il puisse les y faire rechercher. Enfin, il est autorisé à faire prendre de la glaise dans tous les lieux où la loi permet de prendre du sable et des pierres, et à la faire sécher et brûler dans un terrain public, pour suppléer au défaut d'autres matières; mais dans tous les cas il ne peut toucher aux propriétés particulières, que sous trois conditions; 1°. que le propriétaire lui-même n'ait pas besoin de ces matières; 2°. que le dommage soit réparé; 3°. que les excavations soient comblées ou entourées d'une bonne clôture.

Quant à la confection des chemins proprement dite, voici quel est le principe de la loi à cet égard, et le mode de son exécution : les chemins sont d'un intérêt commun pour la totalité des habitans d'une paroisse : le propriétaire en profite pour le transport de ses denrées; l'habitant riche, sans propriété foncière, en profite pour sa commodité; le simple journalier en profite par les plus grands produits des valeurs de la terre dont le travail lui fournit son salaire : la charge de la confection et de l'entretien des chemins doit donc être commune à tous, mais proportionnelle au degré d'avantage que chacun est censé en retirer.

Tout propriétaire de fonds de terre dans la paroisse, ayant un *waggon* (charriot), charrette, charrue ou tout autre *char* avec trois chevaux ou trois autres bêtes de trait (ce qui compose un attelage), est obligé de fournir le service de cet attelage et deux hommes, pour travailler six jours dans l'année sur le chemin de la paroisse; et ce travail forme sa contribution pour des terres de la valeur de 50 liv. sterl. de revenu : il doit cette contribution double si ses terres lui donnent 100 liv. sterl. de rente; triple si elles lui rapportent 150 liv. sterl., et ainsi de suite. Pour tous les revenus en terres excédant la somme complète de 50 liv. st., il paie 1 denier (2 sous de France) par livre sterling, pour chacun des six jours de travail.

Tout particulier ayant une voiture sans jouir du revenu de 50 liv. sterl. en fonds de terre dans la paroisse, paie, au choix de l'inspecteur, 5 shellings pour chacun de ses chevaux, ou l'imposition de 1 denier par livre pour les terres dont il peut jouir. Celui qui, sans avoir un attelage complet, a un ou deux chevaux et une charrette, doit fournir cette charrette attelée pour le travail des chemins pendant six jours de l'année, ou payer l'imposition proportionnelle, selon la demande de l'inspecteur. Enfin, tout habitant mâle, depuis dix-huit ans jusqu'à soixante, qui n'est ni apprenti ni domestique, et qui ne paie pas d'imposition pour 4 liv. st. de revenus, doit son travail manuel pendant le même espace de six jours.

L'inspecteur peut exiger huit heures de travail par jour, des ouvriers et des attelages : il peut, dans les cas urgens, demander que quelques attelages travaillent dans un tems où le travail général n'a pas lieu; il peut encore, s'il le juge nécessaire, demander que trois hommes remplacent le travail d'un attelage.

Cette faculté que la loi donne à l'inspecteur de prononcer dans certains cas entre les deux modes de contributions qu'elle laisse dans les cas ordinaires au choix de l'habitant, a pour objet d'assurer avec certitude l'entretien des chemins. La loi a prévu que des particuliers aisés tenant chevaux et équipage, pourraient, en n'occupant que des terres d'une petite valeur, se soustraire à une partie de la contribution à laquelle elle voulait les soumettre, si l'option de l'évaluation en argent leur était irrévocablement laissée; que l'insuffisance de la contribution pouvant être ainsi la conséquence de cette option illimitée laissée au contribuable dans le mode de servir la contribution particulière, le résultat en serait une addition de contribution qui porterait sur la masse des habitans, et plus péniblement sur les habitans les moins aisés de la paroisse, et elle a voulu prévenir ces abus et cette injustice. D'ailleurs, comme elle a donné aux juges-de-paix le droit de prononcer définitivement dans toutes les discussions qui peuvent s'élever entre les habitans et l'inspecteur, elle a réellement dépouillé de tout arbitraire l'autorité qu'elle donne à celui-ci, et l'a réduite à un moyen d'administration certain et nécessaire.

Mais comme tout travail personnel, dépouillé même d'arbitraire dans sa répartition, est toujours une charge pesante pour l'habitant sans fortune, que la charge même la plus légère imposée à celui qui n'a que ses bras pour moyen d'existence, ne peut encore être dans aucune proportion avec une charge considérable imposée à l'homme riche, la loi a mis à la contribution du travail qu'elle exige du premier, deux restrictions qui la lui rendent presqu'insensible : 1°. tout habitant a le droit de notifier dans le mois de novembre, à l'inspecteur, qu'il entend composer pour le travail de ses attelages ou de sa personne. Le juge-de-paix peut, selon les circonstances, fixer le prix de cette composition, mais seulement dans la latitude de 6 à 3 shellings par jour de travail d'un attelage complet, etc. 2°. s'il n'en fixe pas le prix, la composition est de 4 schellings et demi pour un attelage complet; de 4 schellings pour une charrette attelée de deux chevaux; de 2 schellings pour une voiture attelée d'un cheval, le tout par jour de travail, et de 4 *pence* (ou 8 sous tournois) pour la journée du manœuvre, somme pareille à la contribution du petit propriétaire dont le revenu n'excède pas 4 liv. sterl. Cette composition doit être payée dans la durée du mois qui suit la convention.

L'on peut donc dire que l'obligation du travail personnel sur les chemins, que la loi met en principe, est réellement assurée avec autant d'efficacité que de modération, par la combinaison même de cette composition, qui, pour l'attelage, ne s'élève pas à la moitié du prix commun de leur location, et qui pour les journées d'ouvriers n'en atteint pas le quart. Ainsi les propriétaires d'attelages et les ouvriers qui, après avoir fait leur composition, veulent se louer au travail du chemin, reçoivent, par une convention de gré à gré, les premiers, une moitié; les seconds, les trois quarts au dessus de leur déboursé. Mais la loi a prévu encore qu'il se pourrait que les habitans d'une paroisse, après avoir préféré l'abonnement en argent, missent au travail de leurs attelages ou à leur travail personnel un prix fort au dessus du prix commun des cantons, et rendissent ainsi insuffisans les fonds destinés à l'entretien des chemins : dans ce cas elle autorise le juge-de-paix à ordonner le travail en nature des attelages et des ouvriers, mais seulement dans le nombre nécessaire à la confection de l'ouvrage, encore prescrit-elle, pour éviter toute apparence d'arbitraire, que le sort décidera du choix, et elle veut à cet effet que les noms des habitans qui ont des attelages, soient tirés publiquement au sort jusqu'à la concurrence du nombre nécessaire, et elle prononce encore que si la même ressource est rendue indispensable l'année suivante, les noms sortis ne rentrent dans la boîte qu'après que tous les attelages de la paroisse auront été successivement fournis. Quant aux hommes de journée, le prix commun du canton règle leur salaire, sur lequel les 4 *pence* de leur abonnement sont prélevés.

Le deuxième adoucissement donné par la loi à la rigueur du travail personnel exigé annuellement des hommes et des chevaux, est la disposition par laquelle elle autorise les habitans des paroisses à indiquer à l'inspecteur, dans une assemblée générale, trois mois de l'année, dans lesquels aucun travail ne pourra leur être demandé sous quelque prétexte que ce soit, se réservant l'un de ces mois pour sa semaille du printems, l'autre pour la moisson, le troisième pour les semailles d'hiver.

On conviendra qu'il est difficile de porter plus loin dans une loi, la prévoyance et l'esprit de justice.

Si, malgré ces précautions, les fonds d'abonnement devenaient insuffisans par quelque circonstance impérieuse et imprévue, comme réparation extraordinaire à faire aux ponts, aux pavés, aux poteaux indicateurs ou de sûreté, ou dédommagemens nombreux à payer, la loi ordonne qu'il soit fait un rôle supplémentaire qui dans aucun cas ne peut excéder 9 *pence* par livre sterling, c'est-à-dire, un trentième nominal de revenu, sur lequel est levée la taxe territoriale.

L'inspecteur est le collecteur de cette taxe extraordinaire, comme il l'est des abonnemens et des amendes. Il doit aux habitans de la paroisse un compte annuel et détaillé de ses recettes et de ses dépenses. Ce compte se rend dans une assemblée générale quinze jours avant la session de la Saint-Michel, afin que, s'il donne lieu à quelque contestation grave qu'un seul juge-de-paix ne veuille ou ne puisse pas décider, elle soit portée au tribunal des juges-de-paix réunis, qui en connaît et qui prononce sur elles définitivement.

Il me semble inutile de dire que l'inspecteur ne

peut être intéressé dans aucun marché pour les travaux des chemins, ni employer aucun attelage ni aucun ouvrier pour son avantage personnel direct ou indirect : cette défense est une conséquence naturelle de l'esprit de justice qui a dirigé cette législation. La loi a prévu le cas, et condamne l'inspecteur à une très-forte amende, et à être déclaré incapable de remplir à l'avenir aucun office public.

Mais la législation n'eût été qu'incomplète si, après avoir pourvu à la confection et à l'entretien des chemins, elle n'eût pas pourvu à l'économie de cet entretien, en prévenant leur dégradation. Le grand poids des voitures et surtout le tranchant de leurs roues sont les principales causes de la dégradation des routes; en conséquence la loi prescrit le nombre de chevaux qui peuvent être attelés aux voitures, selon la dimension des bandes des roues sur lesquelles elles roulent. Sans entrer ici dans le détail de ces réglemens, et cependant pour en donner une idée au lecteur, je me bornerai à dire que tandis que les charrettes ou charriots dont les roues n'ont pas plus de six pouces de large, ne peuvent pas être attelés de plus de quatre chevaux, toutes voitures roulant sur des roues dont les bandes sont plattes et ont seize pouces de largeur, ne sont point bornées pour le nombre de chevaux dont elles peuvent être attelées.

La cour réunie des juges-de-paix a seule le droit de modifier cette disposition de la loi, et peut permettre qu'un nombre plus considérable de chevaux que celui prescrit, soit attelé aux voitures dans des tems de neige ou de glace, etc.

La loi ordonne encore que toutes les diligences, voitures de poste publiques (et celles-ci ne sont pas soumises aux réglemens sur la largeur des roues), les charrettes, charriots, etc. portent en caractères lisibles le nom du propriétaire auquel ils appartiennent et du lieu de sa résidence. Cette précaution a pour objet d'assurer au public une prompte responsabilité pour les dommages ou dégâts que les voitures pourraient faire aux routes.

Je n'entrerai pas dans le détail des formes en usage en Angleterre pour poursuivre les contrevenans, et pour se défendre des poursuites induement intentées. Elles tiennent à l'administration de la justice. Elles sont assez multipliées, par conséquent quelquefois lentes ; mais dans un pays libre, les formes sont véritablement la sauve-garde de la liberté et de la propriété. C'est encore une fois par la loi et uniquement par elle que s'opère toute l'administration des chemins en Angleterre : là où elle n'a pas assigné de disposition ou prescrit de mode, les paroisses rentrent dans la liberté d'adopter celui qui leur convient davantage ; mais elle a prévu tout ce qu'il était intéressant qu'elle prévît.

L'inspecteur ne peut, comme je l'ai déjà dit, sortir des bornes que la loi a posées à son administration : il ne peut entreprendre de procès sans y être autorisé par l'assemblée des habitans. S'il s'y engage sans leur consentement, il supporte seul les frais du procès et ses mauvais succès. Dans tous les cas au contraire où la promptitude de l'action est nécessaire, et où les délibérations communes sont inutiles et la retarderaient ; l'inspecteur est tout ; il est bien alors, comme toujours, l'homme de la paroisse, mais il ne répond qu'à la loi, de l'exécution des devoirs qu'elle lui a prescrits. Ainsi il doit faire le bien de ses commettans ; il a le pouvoir nécessaire pour y parvenir, mais il ne peut les engager.

C'est avec cette institution, juste et réfléchie dans ses principes, sage dans ses combinaisons, simple dans ses moyens, que l'Angleterre est parvenue à avoir plus de chemins de communication, et de meilleurs chemins que n'en renferme aucun autre État de l'Europe. Il n'est point de village, point de lieu de marché, point de canaux navigables (et ils sont très-multipliés dans ce royaume), dont l'abord ne soit facile dans tous les tems.

Sans doute le voyageur qui parcourra certaines routes d'Angleterre, en conservant le souvenir de ce qu'étaient quelques-unes des grandes routes de France avant la révolution, y trouvera moins de magnificence, moins de luxe. Il aura beaucoup moins d'ouvrages d'art à admirer; mais si, considérant l'ensemble des chemins, il descend encore dans les détails de cette importante branche d'administration, il reconnaîtra que la facilité du commerce intérieur est toujours grande et jamais interrompue, que la charge de leur entretien est insensible, qu'elle suit toujours ses rapports naturels; que la constante surveillance et l'intelligence qui dirigent les travaux des routes, réduisent à la dépense absolument nécessaire leur entretien comme leur confection; que le but important et premier, de favoriser, d'aider, d'accroître la culture des terres et l'activité du commerce, la célérité et l'économie des communications, n'est jamais perdu de vue : il conviendra avec moi, qu'il n'est en administration, qu'un bien desirable, qu'un bien possible, au-delà duquel toute idée de mieux est un commencement de mal. Ainsi, dans une province où le sol est argileux, où le transport du gravier et du sable serait très-dispendieux, s'il rencontre un bon chemin ferré, il n'en conclurra pas qu'il est mauvais, parce qu'il n'est pas comme tel autre d'une province voisine, couvert d'un sable doux, menu et graveleux; il le jugera par le local, par sa situation et ses convenances relatives; et comme il le trouvera fréquentable et commode dans tous les tems, comme il trouvera qu'il suffit toujours aux débouchés de la culture et du commerce, il le trouvera ce qu'il doit être, quoique, pour l'agrément d'un petit nombre de voyageurs et l'amour-propre des directeurs des travaux, il ne ressemble pas toujours à un allée de jardin.

Enfin, réfléchissant encore que cette route n'a pas épuisé le canton par les impositions nécessaires à la construction, qu'elle l'enrichit au lieu de l'appauvrir, que la propriété n'a jamais été sacrifiée à une fantaisie de mieux, à un perfectionnement superflu, il trouvera que la législation et l'administration anglaises des chemins ne laissent rien à desirer, et formera avec nous le vœu que leurs principes et leurs moyens puissent être jugés, par le gouvernement, applicables en France.

Mais cette administration paternelle, cette économie vigilante dans les travaux des chemins et dans les impositions qui y fournissent, suffisante pour pourvoir complétement à l'entretien des chemins de communication, ne pourraient pas l'être pour l'entretien des grandes routes, et particuliérement de celles auxquelles la grande fréquentation des voitures de luxe et les transports multipliés occasionent une dégradation prompte et considérable. Il fallait adopter de nouveaux moyens ou se placer entre deux grands inconvéniens, celui d'avoir les routes mal et insuffisamment réparées, et celui d'une grande élévation de contribution, qui, monstrueusement inégale dans les différentes paroisses, selon la nature du sol, la fréquentation des chemins, le nombre plus ou moins considérahle de ponts et de chaussées, aurait été partout exorbitante. Un nouveau moyen a été adopté, et c'est celui des barrières ou *turn-pikes*, et leur établissement a présenté une ressource qui, sans détruire le système de législation des chemins, dont j'ai rendu compte, pût remplacer, avec certitude, le déficit des contributions, lorsque ces contributions des paroisses seraient insuffisantes, et qui, sans altérer la base de l'imposition territoriale, fît contribuer dans une juste proportion le commerce et les voyageurs à l'entretien des routes.

L'adoption du système des barrières sur les routes de la République, depuis quelques années, rend nécessaire d'entrer dans beaucoup de détails sur les principes tout-à-fait différens sur lesquels est fait l'établissement des barrières en Angleterre, et sur les réglemens qui en dirigent l'administration ; cette considération nous fera trouver grace pour ce que ces détails pourraient présenter de minutieux.

Lorsqu'il est question d'ouvrir une route nouvelle, ou qu'une ancienne route exige de grands travaux, que ces travaux doivent se succéder promptement, parce que l'entretien doit entraîner de grands frais, ou qu'il se trouve un pont à bâtir, etc. et que ces travaux ne peuvent être exécutés avec les moyens indiqués par la législation dont j'ai rendu compte, les propriétaires des terres au travers ou dans le voisinage desquelles cette route passe ou doit passer si elle est à construire, s'assemblent et discutent la convenance et la nécessité d'un *turn-pikes*, et conviennent entr'eux de la nécessité ou de l'inutilité de son établissement.

Cette convocation d'une assemblée des propriétaires ne se fait jamais sans prétextes valables et sans connaissance de cause. Chacun voit journellement l'état des routes de son canton ; il juge de leur entretien, il connaît ou peut connaître à 1 schelling près l'emploi des taxes présentes pour les chemins, et doit en conséquence être instruit de leur insuffisance pour subvenir aux nouveaux projets ou aux charges croissantes d'entretien. L'esprit public anime encore à cet égard l'intérêt particulier.

Quelques

Quelques propriétaires s'entendent, et proposent, par la voix des *papiers-nouvelles*, une assemblée dont ils indiquent les motifs, et dont ils proposent le lieu et le jour. Cette manière de convoquer est aussi sûre que l'est en France celle des billets adressés à chacun de ceux qu'on voudrait réunir, et y est d'un effet beaucoup plus certain.

Si l'assemblée des propriétaires détermine la nécessité du *turn-pike*, elle adresse une pétition au parlement, pour obtenir un *bill* qui permette cet établissement. La pétition contient la proposition du droit de péage à exiger, si l'assemblée a pu prendre une connaissance exacte des dépenses à faire sur la route dont il s'agit ; si ces connaissances lui manquent, la pétition contient la demande que la fixation de ces droits soit confiée aux commissaires. Le parlement accorde toujours ce *bill*, à moins que quelques paroisses voisines de la route, ou même un certain nombre de propriétaires, n'y mettent opposition, en donnant des raisons valables pour en contester la convenance et l'utilité.

Le *bill* nomme les commissaires du *turn-pike*, c'est-à-dire, les administrateurs. Les conditions nécessaires pour être commissaire du *turn-pike*, sont de posséder, par soi ou par sa femme, un revenu net de 40 livres sterling en fonds de terre, ou de jouir ou d'avoir titre à jouir d'une fortune de 800 livres sterling, aussi en fonds, ou d'être l'héritier apparent d'une personne jouissant d'un revenu net de 80 livres sterling ; enfin, de ne tenir aucune maison publique, auberge, etc. Les commissaires ne peuvent être en fonction qu'après avoir prêté serment qu'ils remplissent les conditions exigées. Si ce serment se trouvait faux, ou que par la suite leur situation changeât de manière à ce que leur fortune fût diminuée au dessous de ce qui est exigé par la loi, et que néanmoins ils continuassent leurs fonctions, ils encourraient la peine de 50 livres sterling d'amende.

Ces commissaires réunis font l'estimation des sommes nécessaires pour les travaux, déterminent les lieux où les barrières doivent être posées, les droits que devront payer à chacune d'elles les différentes voitures, les chevaux, le bétail de toute espèce. Ces droits sont calculés de manière à ce que leur recette puisse, 1°. payer l'intérêt des sommes à dépenser ; 2°. fournir à l'entretien des routes ; 3°. éteindre successivement le capital. On s'occupe beaucoup moins, dans l'estimation, de remplir cette dernière condition, que les deux autres. L'objet principal est de faire une bonne route, de l'entretenir bien et avec économie, et de payer les intérêts avec exactitude. Il semble toujours plus important de ne pas grever le public par un trop fort péage, que d'amortir promptement et totalement la dette ; aussi voit-on souvent les capitaux remboursés en partie, et en voit-on rarement qui le soient en totalité, surtout sur les routes où les ouvrages de charpente ou de maçonnerie sout multipliés.

Les commissaires, après avoir arrêté entr'eux ces points principaux, font connaître, et toujours par les papiers publics, qu'ils veulent emprunter telle somme, pour hypothèque de laquelle ils donneront le *turn-pike*. Cette somme est bientôt trouvée à quatre pour cent en tems de paix, et quand le gouvernement n'a pas d'emprunt à ouvrir; sinon, et en tems de guerre, à quatre et demi et cinq pour cent. L'emprunt se divise en billets de 100 liv. sterling, commerçables comme les actions de la banque (et il n'est pas hors de propos de rappeler ici que tout tend, en Angleterre, à augmenter l'activité de la reproduction et des échanges, la masse des valeurs circulantes, et à fournir toujours à l'industrie et au commerce des alimens et des moyens nouveaux). Et c'est ainsi que ce pays est parvenu au degré éminent de prospérité commerciale dont il jouit, et dont il ne cessera de jouir que quand les ministres, abusant trop long-tems de leur pouvoir, qu'ils tiennent plus des circonstances que du vœu libre de la nation, forceront la mesure de leur système de finance, jusqu'ici admirablement entendu; altéreront la confiance publique, si longue à conquérir et si difficile à recouvrer.

Mais revenons aux *turn-pikes*. Après une ou plusieurs années d'expérience, les droits perçus aux barrières étant prouvés insuffisans pour les dépenses auxquelles elles doivent faire face, les commissaires, en s'appuyant de cette insuffisance constatée, s'adressent au parlement pour être autorisés à élever ces droits, parce que l'accroissement de ces droits est une imposition nouvelle, et que toute imposition directe ou indirecte ne peut avoir lieu sans la sanction positive et spéciale de la nation, et qu'un premier pouvoir délégué ne peut recevoir d'extension que par l'effet d'une loi nouvelle.

Je dois faire observer ici que les paroisses dans le territoire desquelles est placé le *turn-pike*, et qui sont ainsi délivrées, par cet établissement, d'une charge qui autrement leur serait devenue onéreuse, contribuent néanmoins à son entretien par une portion de leur acensement ou de leur travail, en proportion de l'étendue du chemin dont elles ne sont plus uniquement chargées, comparées avec celles des autres chemins de leur finage.

Mais comme la commodité des gens riches et particuliérement du commerce peut multiplier les routes de *turn-pikes* au-delà du vrai besoin des paroisses, la loi prescrit que lorsque leur territoire est traversé de deux ou de plusieurs de ces routes, les juges-de-paix doivent régler et partager la proportion du travail ou de l'acensement de ces paroisses sur chacune d'elles. Elle laisse même à cet officier public la faculté de les dispenser absolument du travail sur les routes de *turn-pikes*. Cette disposition, vraiment équitable et sage, est fréquemment mise en pratique.

Les droits de péage, tels qu'ils ont été fixés par les commissaires, sont écrits lisiblement sur un poteau qui doit être placé au dehors et près de chaque barrière.

La route une fois achevée (car ce n'est qu'alors que les droits s'y perçoivent), les commissaires déterminent le lieu où doit être placée une bascule, grue ou toute autre machine propre à peser les voitures chargées. Si deux ou plusieurs routes de *turn-pikes* se réunissent à un point commun ou sont très-rapprochées, les commissaires de ces routes différentes peuvent s'arranger pour la construction d'une machine commune et pour la proportion des frais à supporter par chaque route.

Toute voiture chargée, dont le poids excède celui prescrit pour l'espèce dont elle est, doit payer pour chaque quintal excédant, 20 schellings au-delà des droits ordinaires.

Tout *waggon* ou charriot à quatre roues, dont les bandes ont seize pouces de largeur (1), ou qui, n'ayant que neuf pouces, a l'essieu de devant plus court de quatorze pouces que celui de derrière, et qui roule par conséquent sur une surface de seize pouces de chaque côté, peut être chargé de huit *tons* (2) en été, et de sept en hiver.

Si les bandes n'ont pas neuf pouces de large, et que les deux essieux soient égaux, il ne peut être chargé que de six *tons* et demi en été, et de six *tons* en hiver.

---

(1) Les roues doivent être plates, et les clous qui les fixent, ne doivent pas être saillans.

(2) Un *ton* pèse vingt quintaux ; le quintal pèse cent douze livres anglaises : ainsi le poids du *ton* est de deux mille deux cent quarante livres, ou à peu près vingt-trois quintaux.

Si les bandes n'ayant que six pouces, le charriot, par la construction des essieux, roule sur une surface de onze pouces, il ne peut être chargé que de six *tons* en été, et de cinq et demi en hiver.

Si les bandes ne sont larges que de six pouces, et que les essieux soient égaux, le charriot ne peut porter que quatre *tons*, cinq cents livres en été, et trois *tons*, quinze cents livres en hiver.

Enfin, il ne peut être chargé de plus de trois *tons* et demi en été, et de trois *tons* en hiver s'il roule sur une surface moindre de six pouces.

Quant aux charrettes à deux roues, et qui roulent sur une surface de seize, de neuf, de six ou de moins de six pouces, elles peuvent être chargées, les premières, de six *tons* et demi en été, et de six en hiver; les secondes, de trois *tons* en été, et de deux *tons*, quinze cents livres en hiver; les troisièmes, de deux *tons*, douze cents livres en été; de deux *tons*, sept cents livres en hiver; enfin les quatrièmes, d'un *ton* et demi en été, et d'un *ton*, sept cents livres en hiver.

Les précautions contre l'excès des chargemens diffèrent, comme l'on voit, dans les routes de *turn-pikes*, de celles prises dans les grands chemins ordinaires, où elles se bornent à régler le nombre de chevaux dont les diverses espèces de voitures peuvent être attelées. La loi a eu pour motif dans cette différence, de ne pas gêner par des réglemens trop multipliés, et des prohibitions et formalités trop compliquées, l'agriculture, qui fréquente particuliérement les chemins ordinaires. Elle a cru le cultivateur assez intéressé à ménager ses attelages, pour qu'elle pût calculer avec une grande probabilité le poids des voitures par le nombre des chevaux qui les traîneraient, tandis qu'elle n'a point vu les mêmes motifs de sécurité dans le commerce, dont le roulage occupe plus généralement le routes de *turn-pikes*, et qu'elle n'a pas vu autant d'inconvéniens de le soumettre à ces réglemens et à ces formalités, qui n'ont pas pour lui la même gêne. Enfin, la dépense des barrières, des machines en eût été une au dessus des forces des paroisses, et n'aurait pu être faite avec avantage par des entrepreneurs, eussent-ils pu même être autorisés à recevoir des droits de péage, parce que la fréquentation de ces chemins n'est pas assez multipliée pour les dédommager de leurs avances, et que l'établissement de ces barrières eût dénaturé la véritable législation et administration des chemins, en les faisant tous routes de *turn-pikes*, et en rendant leur usage et leur entretien plus dispendieux. Les mêmes égards pour l'agriculture, qui sont le principal motif de cette différence dans les précautions contre les chargemens trop considérables, ont lieu sur les routes de *turn-pikes* mêmes, où les voitures employées pour la culture et chargées de récoltes, de pailles, d'engrais, etc. à la seule exception de la chaux, ne sont pas soumises à la nécessité d'être pesées, mais seulement à celle de se conformer aux réglemens ordinaires pour la quantité de chevaux dont leur attelage est composé.

Le poids excessif des chargemens a été considéré tellement par la loi, comme la cause principale de la dégradation des routes, qu'elle a renforcé par les dispositions suivantes, l'obligation qu'elle leur impose d'être pesées :

1°. Elle autorise les juges-de-paix à ordonner, dans leur session de chaque trimestre, la construction des machines à peser, dans le cas où les commissaires ne les auraient pas fait faire dans le délai prescrit, et alors cette construction est payée sur la recette des barrières.

2°. Elle prescrit aux gardiens des barrières le devoir de peser toutes les voitures qu'ils pourraient soupçonner être d'un poids plus grand que celui voulu par le réglement, et elle leur impose la peine d'une amende de 5 liv. sterling, qui ne peut pas être modérée pour chaque voiture chargée au-delà de ce qu'elle doit l'être, et qui aurait passé à la barrière sans être pesée.

3°. Enfin, pour assurer encore plus fortement l'exactitude et la fidélité de ces gardiens, la loi donne aux commissaires, au trésorier, à l'inspecteur et même à chacnn des créanciers du *turn-pike* le droit de faire retourner aux barrières les voitures qui n'y auraient pas été pesées, et qu'ils soupçonneraient être trop chargées, pourvu cependant qu'elles n'aient pas dépassé ces barrières de plus de trois cents toises.

La dimension étroite des bandes des roues, le défaut de proportion entre cette largeur et le chargement des voitures, et généralement leur construction, lorsqu'elle est uniquement calculée pour porter les plus grandes charges possibles et rouler avec le plus de facilité, sont considérés aussi comme une cause essentielle de la prompte dégradation des routes. Aussi la loi s'est-elle expliquée sur le mode de cette construction. Toutes les voitures sujètes à être pesées ne peuvent rouler à la distance de vingt *milles* de Londres, que construites dans les proportions suivantes :

1°. La longueur des essieux doit être telle, que les roues, mesurées dans leur côté intérieur, ne soient pas l'une de l'autre à une distance de plus de quatre pieds six pouces. Si cependant la largeur des bandes est de seize pouces, ou que, larges seulement de neuf, celles de devant et de derrière roulent par leur position sur une surface de seize, la distance entre les roues peut être de cinq pieds huit pouces (1).

2°. La longueur des voitures, mesurées depuis le centre de l'essieu de devant jusqu'à celui de l'essieu de derrière, ou jusqu'à la queue de la voiture, ne peut êrre de plus de neuf pieds. Les voitures destinées à porter des pièces de charpente sont exceptées de cette règle.

La loi a fixé encore le nombre des chevaux et la manière même dont ils doivent être attelés à ces différentes voitures. Celles à quatre roues, dont les bandes ont neuf, six ou moins de six pouces, ne peuvent être attelées que de huit, six et quatre chevaux. Si les bandes sont des deux premières largeurs, les chevaux ne doivent être attelés que deux à deux, parce qu'il est d'expérience que, dans les tems pluvieux, les pieds des chevaux, en marchant successivement sur la même piste, bri-

---

(1) Toutes ces mesures sont anglaises, c'est-à-dire, d'environ un pouce par pied plus petites que les nôtres.

sent plus les chemins que les roues ; ce qui n'a pas lieu quand les bandes larges, roulant sur les traces des chevaux, les effacent et les applanissent. Cependant la loi autorise les commissaires à permettre que, quand le nombre des chevaux n'excède pas quatre, ils soient attelés un à un, si toutefois les voitures sont à brancard ; mais cette permission ne peut être donnée que par une assemblée composée de sept commissaires au moins. Quant aux voitures dont les bandes des roues ont seize pouces, elles peuvent être attelées d'autant de chevaux que le veut le propriétaire, sans néanmoins qu'il soit le maître de changer la manière de les atteler. Il en est de même de toutes les autres voitures, mais seulement quand elles ont été pesées, et que leur conducteur est muni du certificat de pesée.

Les commissaires peuvent, avec l'autorisation du juge-de-paix, permettre que les voitures soient attelées d'un nombre plus grand de chevaux que ne le prescrit le réglement pour monter les montagnes qui ont plus de quatre pouces de pente par toise ; mais cette addition de chevaux n'a lieu que pour l'espace de la montée, et des poteaux placés à cet effet indiquent les points où les chevaux de supplément peuvent être attelés, et ceux où ils doivent cesser de l'être. Sur les routes de *turn-pikes* comme sur les grandes routes ordinaires, les juges-de-paix peuvent permettre aussi un plus grand nombre de chevaux dans les tems de glace et de neige.

La loi, pour exciter encore à l'usage des bandes larges, ordonne que celles de six pouces et au dessous paieront double droit de péage, et que celles de seize n'en paient qu'un demi.

Ces divers réglemens sont exactement exécutés, à peine d'amende contre les propriétaires et les conducteurs de voitures qui y contreviendraient. Les voitures chargées d'engrais ou d'autres objets relatifs à la culture, n'y sont point assujétties, non plus que celles de neuf pouces aux bandes transportant un bloc de pierre ou de marbre, un cable, un morceau de métal ou une pièce de charpente, ni les charriots de l'armée ou de l'artillerie, ni les charrettes ou charriots attelés d'un seul cheval ou de deux bœufs, ni les carrosses, de quelque espèce qu'ils soient.

Soit que le parlement ait fixé par un acte les droits à payer aux barrières, soit qu'il en ait délégué la fixation aux commissaires, ceux-ci peuvent, dans leurs assemblées, les diminuer, et même les élever de nouveau à leur premier taux s'ils le jugent convenable ; néanmoins le consentement des créanciers du *turn-pike* leur est nécessaire pour ces changemens. Ils peuvent aussi faire régir les droits pour leur propre compte, ou les louer à bail : mais alors ce bail doit être donné au plus offrant, et seulement un mois après l'époque de l'avertissement public du lieu et du jour de l'adjudication.

Au reste, les voitures qui passent une barrière pour aller d'un chemin de paroisse à un autre, ne paient pas de droits si elles ne parcourent pas la route du *turn-pike* dans une étendue de plus de cent toises, ou si elles ne passent pas sur un pont construit ou réparé par les commissaires.

Les surveryors ou inspecteurs des routes de *turn-pikes* ont les mêmes devoirs que ceux des grandes routes ordinaires ; seulement ils sont les agens des commissaires, comme les autres le sont des paroisses. Ils reçoivent un salaire payé sur le revenu du *turn-pike*, et proportionné à l'étendue de la route dont l'entretien est confié à leur inspection. Ils doivent veiller à ce qu'il ne soit pas fait de fossés ni de traits de charrue ou autres ouvrages dans les terres, à une distance de moins de quinze pieds du centre de la route ; ce qui en porte à trente pieds la largeur nécessaire ; à ce qu'on n'y dépose aucuns décombres : en tout, à ce que la route soit exactement et bien entretenue. Ils doivent, lorsque le travail assigné aux paroisses dans la part qu'elles doivent prendre à l'entretien de la route du *turn-pike*, considéré comme chemin ordinaire, et insuffisant pour fournir au transport de tous les matétiaux, les acheter par un marché annoncé d'avance et publiquement conclu.

Comme, dans l'entretien des autres routes, l'inspecteur des routes de *turn-pikes* ne peut recevoir aucun intérêt dans ces marchés, ni employer à son usage aucune voiture destinée aux travaux, une amende de 10 livres sterling n'est pas la seule peine de l'inspecteur qui conviendrait à cette défense; il serait encore déclaré incapable d'exercer à jamais un pareil emploi.

Les routes de *turn-pikes* doivent être garnies de poteaux indicateurs à toutes les croisées de chemins, de pierres milliaires à chaque distance de *mille*. Les mêmes peines contre ceux qui enlèvent et dégradent les poteaux, etc. etc. des chemins de paroisses, sont prononcées contre ceux qui se rendent coupables du même délit sur les routes de *turn-pikes*. Mais ceux qui détruisent ou dégradent, tentent de détruire ou dégrader méchamment les portes, murs, barrières des *turn-pikes*, ou les grues, bascules et autres machines destinées à la pesée des voitures, sont condamnés à être transportés pour sept ans hors de l'Europe, ou à être tenus en prison pendant un terme qui ne peut être moindre de trois ans, à la discrétion du juge. La loi distingue ce délit de tous les autres, et le déclare *félonie ;* elle y attache même une telle importance, qu'elle rend le *hundred* ou arrondissement de cent paroisses où ces machines sont placées, responsable du délit, et contraint à payer la réparation des dégâts si le coupable n'est pas reconnu et poursuivi dans le cours de l'année. D'un autre côté, si quelque barrière se trouve induement placée par les commissaires, de manière à nuire aux intérêts d'une paroisse ou de quelque particulier, les juges-de-paix devant qui la réclamation du plaignant doit être portée, en font dans leur session une exacte justice, et la suppression ou le changement de cette barrière est ordonné.

Les inspecteurs et trésoriers des routes de *turnpikes* sont tenus, si les commissaires l'exigent, à donner caution pour les sommes dont ils doivent être dépositaires : ils sont même obligés, ainsi que le gardien des barrières, à appuyer de leur serment tous les comptes qu'ils rendent de gestion de deniers. Ils ne peuvent s'y refuser sans encourir la peine

peine d'une amende de 5 livres sterling, qui ne les garantit pas de l'examen rigoureux de leurs comptes, et des peines qui résulteraient de leur infidélité prouvée. Les commissaires, qui doivent, comme il a déjà été dit, employer les premiers deniers de la recette au paiement des créanciers du *turn-pike*, leur doivent aussi, sous serment, compte de cette recette si elle ne fournit pas assez pour les satisfaire.

Les seules conditions exigées pour la faculté d'être gardien de barrières, sont de ne pas tenir cabaret et de ne pas être inscrit sur la liste des pauvres de la paroisse. Le concours de deux commissaires suffit pour remplacer un gardien qui viendrait à mourir; mais cette nomination n'est que provisoire, et doit, pour être permanente, être confirmée par l'assemblée générale.

Le gardien des barrières doit veiller à l'exécution des réglemens sur les largeurs des bandes des roues, sur la construction des voitures, sur le nombre de chevaux et leur manière d'être attelés; sur l'inscription prescrite du nom du propriétaire sur chaque voiture, et sur la pesée (si la barrière est garnie de machines à cet effet) : s'il ne dénonce pas dans la semaine le délinquant à la justice, il encourt la peine d'une amende de 40 schellings :

mais ces cas sont rares ; ceux même de contravention aux réglemens sont très-peu communs. Les réglemens tiennent si positivement à l'intérêt public, chacun en est tellement convaincu, les habitudes, les mœurs, s'y sont tellement accommodées, l'empire de la loi est tellement respecté ; enfin, et plus que tout peut-être, la probabilité de l'impunité d'une contravention est si petite, par les précautions multipliées qui la surveillent, qu'il s'en commet peu.

D'ailleurs, toutes les dispositions protectrices des propriétés, qui se trouvent dans la loi sur les grands chemins ordinaires, sont les mêmes dans la loi sur les routes de *turn-pikes*, qui, comme nous l'avons dit au commencement de ce Mémoire, n'est, à proprement parler, que l'ampliation de la première.

Quant aux particuliers ou aux corporations qui, en vertu de la loi commune, avaient la charge de l'entretien d'une partie des chemins actuellement compris dans la route du *turn-pike*, ou abandonnée parce que celle-ci a pris une autre direction, les commissaires sont autorisés à exiger la continuation de cet entretien, ou à s'arranger pour un dédommagement qui décharge de cette obligation, et qui place cet entretien au rang des dépenses du *turn - pike*. Si cet arrangement ne peut se faire de gré à gré entre les corporations ou les particuliers et le commissaire, deux juges-de-paix examinent le local, entendent les objections des deux parts et prononcent.

Les routes de *turn - pikes* sont aujourd'hui généralement répandues dans toutes les parties de l'Angleterre. Plus un comté fait de progrès en culture et en manufactures, plus ces sortes de routes y sont fréquentes. Les barrières n'y sont pas, comme en France, placées à distance égale, ou exigeant un péage égal pour la même étendue de chemin : les circonstances locales déterminent leur éloignement, comme les droits qui y sont exigés. Ainsi le péage est moins fort sur les routes d'un entretien facile et peu dispendieux, et il est plus considérable sur celles où la nature du terrain, l'éloignement des matériaux, etc. etc. exigent de plus grandes dépenses, et où les travaux d'art sont plus multipliés. Peut-être s'il fallait absolument déterminer la distance moyenne d'une barrière à l'autre, sur la totalité des routes de *turn-pikes* en Angleterre, on pourrait l'évaluer à celle de quatorze *milles*. On pourrait, par le même calcul approximatif, évaluer le taux moyen des droits à chaque barrière, à 4 sous de France pour chaque cheval, à 8 pour chaque chaise ou voiture à deux roues, et à 12 pour les voitures à quatre roues. Mais nous sommes loin de donner pour exact ce calcul, quoique nous le croyons très-près de la vérité.

Par tout ce qui a été dit jusqu'ici, on voit que la législation des chemins en Angleterre pose sur le principe que l'intérêt qu'a chaque individu à leur entretien, détermine la proportion de la charge à laquelle il est imposé pour les maintenir en bon état (principe dont il est impossible de contester la vérité et la justice); que le travail exigé des particuliers sur les chemins de leur paroisse n'est encore qu'une conséquence nécessaire et juste de ce principe; que ce travail ne peut être, à aucun égard, comparé aux anciennes et odieuses corvées qui ont si long-tems désolé la France, parce que la portion de travail à exiger de chacun est réglée par une loi fixe et immuable, parce que ce travail ne peut avoir lieu que dans le territoire de la paroisse; parce que chacun, de quelque classe et de quelque faculté qu'il soit, y prend une part proportionnelle; parce que les paroissiens ne peuvent être occupés à ces travaux pendant les trois mois qu'ils jugent et déclarent d'avance devoir être consacrés à leurs travaux particuliers; parce que chacun peut se dispenser de coopérer personnellement, par lui ou par ses attelages, à ces travaux, en rachetant les journées que la loi veut qu'il y consacre par une contribution trois et souvent quatre fois moindre que le salaire qu'il peut obtenir en louant ensuite ses bras ou ses chevaux à ces mêmes travaux; enfin, parce que cette administration est entiérement exempte de partialité et d'arbitraire.

On voit que les routes de *turn-pikes*, établies sur l'évidence de l'excès de charge qu'auraient à supporter les habitans pour l'entretien d'un chemin trop habituellement fréquenté pour des usages étrangers à l'intérêt direct de la paroisse, distribuent cet excès de charge sur le commerce et le luxe, en proportion encore de ce qu'ils concourent à la dégradation plus prompte de ces routes; que les distances des barrières et les droits de péage sont aussi en raison des circonstances locales, et seulement dans cette raison, que les deniers provenans de ces droits sont instamment et uniquement employés sur les routes sur lesquelles ils sont perçus. On voit enfin que le gouvernement, aux finances duquel ces diverses contributions sont étrangères, ne se mêle en rien de l'administration directe de l'une ni de l'autre espèce de ces routes, confiées par la loi à chaque paroisse pour les unes, et aux commissaires ou aux entrepreneurs de *turn-pikes* pour les autres : administration maintenue dans la plus rigoureuse exactitude par l'esprit public, qui, il faut l'avouer, est grand et à peu près général en Angleterre, parce que les habitudes de la liberté civile sont anciennes dans ce pays, et qu'elles ont appris à chacun à reconnaître que l'intérêt individuel n'est jamais complétement et solidement servi que par la prospérité de l'intérêt public.

Il ne serait pas téméraire d'avancer que les principes admis par la législation anglaise sur les chemins, pourraient l'être avec justice et utilité dans la nôtre sur le même objet; que plusieurs des dispositions de la loi anglaise pourraient même être entiérement et avantageusement appliquées en France, dans le moment surtout où le mauvais état de nos grandes routes et l'état plus détestable encore de nos chemins vicinaux rendent nécessaire de réparer par un code complet de législation sur cette importante matière, l'insuffisance et l'incohérence, nous dirons même le défaut de principes de nos lois actuelles. Mais je n'ai eu que le projet de faire connaître avec fidélité les points les plus essentiels de la législation et de l'administration anglaise sur les chemins, sans prétendre emprunter le rôle de législateur.

Ces notes sur la législation et l'administration des routes d'Angleterre ne seraient pas complètes si je ne disais pas quelques mots sur celles des ponts, qui en sont une branche tout-à-fait distincte.

On peut diviser les ponts d'Angleterre en trois classes, non en raison de la nature ou de l'étendue de leur construction, mais en raison de la différence existante entre ceux qui doivent porter la charge de leur bâtisse et de leur entretien.

Ces trois espèces de ponts sont les ponts de comté, les ponts de *turn-pikes* et les ponts à la charge des particuliers.

La construction d'un pont nouveau, c'est-à-dire, d'un pont à bâtir dans une place où il n'en existait pas précédemment, est uniquement du ressort du parlement. Aucun magistrat, privativement ou collectivement; aucun pouvoir enfin dans l'État, autre que le pouvoir législatif, ne peut en ordonner la construction : elle est véritablement une imposition nouvelle : la puissance législative a donc dû s'en réserver la disposition.

Ce genre d'imposition a pesé bien anciennement sur la nation anglaise, puisqu'il formait un de ses griefs sous le règne de *Jean-sans-Terre*, et qu'il forme un des articles de la *grande charte*, dans laquelle on lit *qu'aucune ville ni homme libre ne seront obligés à construire ou à réparer d'autres ponts que ceux qui sont à leur charge par prescription ou de droit ;* et cette loi est aujourd'hui dans toute sa force. Mais lorsqu'un pont public, un pont de comté, qui n'est à la charge ni d'un *turn-pike* ni d'aucun corps ou d'aucun particulier, doit être établi ou réparé, la nécessité de cette réparation ou reconstruction doit être examinée et certifiée par les *grands-juges* du comté, devant la cour de trimestre des juges-de-paix (*quarter sessions*), et sur leur rapport le magistrat ordonne les ouvrages.

Ceux-ci font ensuite annoncer dans les papiers publics, l'étendue et la nature des travaux, et indiquent le jour où ils recevront en assemblée publique les propositions à cet effet, et en prononceront l'adjudication. Le jour arrivé, ils procèdent à ce marché, dont les clauses sont enregistrées en détail par le greffier de leur tribunal, et le registre peut être compulsé sans frais, par tous ceux qui s'annoncent comme ayant intérêt à en prendre connaissance.

Les dépenses de cette construction ou réparation sont à la charge des paroisses du *hundred* ou district dans lequel le pont est situé ; et comme le montant de ce que chacune d'elle paie pour le *landtax* est connu, les juges-de-paix prononcent avec équité sur la répartition de cette contribution, dont la taxe territoriale détermine la proportion pour chacun.

Cette contribution, distribuée sur une ou plusieurs années, se lève avec la taxe des pauvres, ainsi que tous les autres *country-rates* ou répartitions de comté, et elle est versée dans les mains du trésorier, qui paie l'adjudication aux époques convenues dans le marché ; et comme chaque rôle de pauvres doit être visé par les juges-de-paix, ces officiers publics savent quel jour la partie à payer de cette contribution extraordinaire doit être versée chez le trésorier, et peuvent ainsi toujours faire une justice exacte à l'adjudicataire.

Cette somme arrive toujours promptement, 1°. parce que le rôle de la taxe des pauvres, ne pouvant jamais excéder à la fois *6* deniers par liv. sterling de revenu, se renouvelle souvent dans l'année; 2°. parce que le montant de cette recette n'étant pas mis à la fois dans sa totalité à la disposition des inspecteurs des pauvres, il en reste toujours quelque portion que le trésorier peut donner à l'adjudicataire des travaux, assuré, comme il l'est, de rétablir cette somme au terme prochain.

Si les dépenses que nécessitent les travaux du pont, excèdent les moyens du district, elles sont réparties sur tout le comté; si même elles excédaient les moyens du comté (ce qui arrive quand le pont à reconstruire est sur une rivière, ou large, ou d'un cours rapide), le comté demande, par une pétition, des secours au parlement, qui jamais ne les lui refuse.

Les ponts de *turn-pikes* sont bâtis en vertu d'une clause de l'acte du parlement, qui a permis l'établissement du *turn-pike.* Ils sont à la charge des commissaires qui perçoivent au passage, des droits proportionnés aux frais de construction première et d'entretien.

Enfin, les ponts à la charge des corporations ou des particuliers sont ceux qui ont été ainsi entretenus depuis un tems immémorial, et qui continuent à l'être de la même manière : par l'effet de cette prescription, on doit comprendre dans cette dernière classe, les ponts bâtis par souscription volontaire, qui, d'après le même principe, ne peuvent jamais devenir à la charge des paroisses ou des comtés.

Si l'on s'étonnait que des particuliers se soumissent ainsi volontairement aux grandes dépenses de la construction d'un pont, on cesserait de l'être en se rappelant que l'esprit public agit puissamment et activement en Angleterre, et qu'il habitue les particuliers, d'ailleurs plus généralement riches qu'en France, à ces sortes de sacrifices pour l'intérêt général; sacrifices qui, faits pour la construction d'un pont ou d'un canal, etc. ne sont que momentanés, puisque la propriété de la chose faite leur reste incontestée, et que les dépenses premières leur sont plus ou moins tôt remboursées par les droits de péage que le public paie avec plaisir et reconnaissance. D'ailleurs, un pont peut quelquefois promettre un avantage plus immédiat à quelques propriétaires, qu'à tout un district ou à tout un comté, qui, ayant d'autres communications, peut se passer de celle-là : il est souvent un objet de pure commodité, quelquefois même de luxe pour quelque particulier, et l'utilité publique est seule consultée en Angleterre quand il s'agit de dépenses publiques : l'influence des personnes est nulle dans ce cas; mais il est juste aussi que ce pont, uniquement construit pour la commodité ou même la fantaisie de particuliers, reste leur propriété, puisqu'il a été construit de leurs deniers, et qu'ainsi ceux qui y passent, paient le droit qui est demandé, parce qu'alors il devient utile à ceux-ci.

Comme il n'existe pas en Angleterre de corps d'ingénieurs spécialement chargés de l'entretien des chemins, de la construction des chaussées, etc. les ponts sont bâtis et réparés par des architectes que choisissent les officiers du comté ou les commissaires de *turn-pikes*, ou ceux enfin qui doivent en ordonner les travaux. On sent que dans un pays où les arts sont autant cultivés qu'ils le sont en Angleterre, et où ils sont aussi généreusement récompensés, les hommes à talens ne peuvent y être qu'en très-grand nombre. Ils sont même plus répandus dans les provinces d'Angleterre, que dans les départemens de la France, parce que les fortunes y étant généralement plus grandes et plus communes, ils y sont mieux payés.

D'ailleurs, si l'on en excepte les ponts qui traversent les grandes rivières, et plus particuliérement ceux qui se trouvent dans les villes considérables, la solidité et l'économie sont les seules conditions requises dans ces sortes d'ouvrages, ainsi que dans ceux des chemins. Le luxe et la magnificence ne sont considérés que sous ce rapport. C'est par le même principe que la largeur des routes est bornée à celle que la facilité et la commodité du passage rendent indispensable. Là où la construction d'un pont peut être évitée par des pentes douces et cailloutées ou pavées, qui donnent un facile écoulement aux eaux, la dépense en est économisée. Dans d'autres endroits où les crues d'eau peuvent être momentanément à craindre, le pont n'est construit que de la largeur d'une voiture et sur un des côtés du chemin : alors il est barré par une chaîne dans les tems ordinaires et tant que le jour dure, et il est laissé ouvert la nuit et dans le tems des crues ; alors aussi un passage est soigneusement pratiqué pour l'entrée et la sortie du gué, avec des poteaux de chaque côté, qui indiquent la hauteur de l'eau.

Plus de détails me sembleraient inutiles pour faire connaître la législation et l'administration anglaise sur les chemins. Il me semble que ce que j'en ai dit dans ces notes, qui peut-être paraîtront déjà longues, suffit pour en donner une idée générale et même complète.

S'il est vrai que la bonté des lois doit être jugée par leur résultat, il devient incontestable que celles-ci sont réellement bonnes, puisque l'Angleterre a, dans tous les points, des communications ouvertes et excellentes ; que la charge de la construction, de l'entretien des routes et la distribution de cette charge sont si sagement calculées, que jamais aucune plainte ne s'élève à cet égard, et qu'enfin les tribunaux ne sont jamais occupés de discussions sur cette matière, parce que l'empire des lois et des habitudes fait tout sans le concours de l'autorité, et pour ainsi dire par un mouvement spontané.

FIN.

ERRATA.

Page 5, *ligne* 24, hight, *lisez :* high.
Page 25, *ligne première*, sa semaille, *lisez :* la semaille.
Page 46, *ligne* 15, surveryors, *lisez :* surveyors.
Page 47, *ligne* 6, et insuffisant, *lisez :* est insuffisant.

www.ingramcontent.com/pod-product-compliance
Lightning Source LLC
LaVergne TN
LVHW020047170826
845678LV00001B/466

9782329684260